AF637401

SEAN COVEY

DIE 7 WEGE ZU GLÜCKLICHEN KINDERN

WILLKOMMEN IN 7EICHEN!
BERGDORFER GRUNDSCHULE
MÜLLDEPONIE
DUDELS SPIELWAREN-LADEN
MARKT
ORTSKERN SIEBEN EICHEN
SAMMY UND SOPHIES HAUS
ZUM TALPASS
1-EURO-KINO
N
W
E
S

DIE EWIGEN GIPFEL
STEFANSFÄLLE
BRUMMS HÖHLE
EINSAMER GIPFEL
KEL BUDDYS PARK
HOPPELS BAU
PIEKS HAUS
ERNIES BRÜCKE
LILLIS BAUM
KIRSCHBACH
WIESE
WILDER WALD
ELLI AUCHDABEIS BAU
LILLIS BAU
FRAU UHUS GARTEN

Bibliografische Information der Deutschen Nationalbibliothek

Die Deutsche Nationalbibliothek verzeichnet diese Publikation in der Deutschen Nationalbibliografie.
Detaillierte bibliografische Daten sind im Internet über http://dnb.d-nb.de abrufbar.

Für Fragen und Anregungen:
info@m-vg.de

3. Auflage 2024

© 2019 by Redline Verlag, ein Imprint der Münchner Verlagsgruppe GmbH,
Türkenstraße 89
80799 München
Tel.: 089 651285-0

© der Originalausgabe by FranklinCovey Company
Die englische Originalausgabe erschien 2008 bei FranklinCovey unter dem Titel The 7 Habits of Happy Kids. Franklin Covey, das Logo und Warenzeichen sind Marken von Franklin Covey Co. und ihre Verwendung ist ausschließlich mit Genehmigung gestattet.

Alle Rechte, insbesondere das Recht der Vervielfältigung und Verbreitung sowie der Übersetzung, vorbehalten. Kein Teil des Werkes darf in irgendeiner Form (durch Fotokopie, Mikrofilm oder ein anderes Verfahren) ohne schriftliche Genehmigung des Verlages reproduziert oder unter Verwendung elektronischer Systeme gespeichert, verarbeitet, vervielfältigt oder verbreitet werden. Wir behalten uns die Nutzung unserer Inhalte für Text und Data Mining im Sinne von § 44b UrhG ausdrücklich vor.

Übersetzung: Andrea Panster, Amberg
Redaktion: Bärbel Knill, Landsberg am Lech
Umschlaggestaltung: Laura Osswald, München
Umschlagabbildung: Stacy Curtis, New York
Satz: Müjde Puzziferri, MP Medien, München
Druck: Florjancic Tisk d.o.o., Slowenien
Printed in EU

ISBN Print 978-3-86881-732-4
ISBN E-Book (PDF) 978-3-96267-076-4
ISBN E-Book (EPUB, Mobi) 978-3-96267-077-1

Weitere Informationen zum Verlag finden Sie unter
www.redline-verlag.de
Beachten Sie auch unsere weiteren Verlage unter
www.m-vg.de

DIE 7 WEGE ZU GLÜCKLICHEN KINDERN

DAS INSPIRIERENDE KINDERBUCH

BASIEREND AUF STEPHEN R. COVEYS WELTBESTSELLER
»7 HABITS OF HIGHLY EFFECTIVE PEOPLE«

SEAN COVEY

ILLUSTRIERT VON STACY CURTIS

REDLINE | VERLAG

Das steht

im Buch

Hinweis für Eltern und Lehrer

Wir Erwachsenen sind in vielen Dingen geteilter Meinung. Aber eines haben wir gemeinsam: die Liebe für und unsere Sorge um unsere Kinder. Während ich diese Zeilen schreibe, bin ich Vater von sieben Kindern – drei davon jünger als zehn Jahre: Nathan (8), Weston (5) und Elli (3). Sie sind ganz wunderbar ... zumindest meistens. Ich muss zugeben, dass Nathans endlose Hänselrituale und Ellis grundlose Wutanfälle mich frustrieren. Entsetzt war ich auch, als Weston dahinterkam, wie der Tacker funktioniert, und meine Wände mit Heftklammern spickte. Aber alles in allem liebe ich sie grenzenlos – und bin oft überrascht, wie schlau sie sind.

Vor einigen Jahren schrieb ich das Buch *Die 7 Wege zur Effektivität für Jugendliche.* Als Vorlage diente der Bestseller meines Vaters *Die 7 Wege zur Effektivität.* Als ich mit dem Schreiben begann, glaubte ich, die Konzepte vereinfachen zu müssen, damit die Jugendlichen die 7 Wege verstehen konnten. Erstaunt stellte ich fest, dass das nicht nötig war. Sie kapierten es.

Noch mehr überraschte mich, wie viele Grundschulen überall auf der Welt die 7 Wege auf dem Lehrplan haben und wie erfolgreich sie diese unterrichten. Wer hätte gedacht, dass bereits Kinder die Naturgesetze so gut verstehen und umsetzen können, auf denen die 7 Wege beruhen? Wieder einmal hatte ich die Menschen unterschätzt. (Übrigens: Informationen zur Vermittlung der 7 Wege an Grund- oder Hauptschulen finden Sie auf der Internetseite https://www.leaderinme.org (in englischer Sprache). In deutscher Sprache gibt es Informationen bei: FranklinCovey Deutschland Leadership Institut GmbH, Bavariafilmplatz 3, 82031 Grünwald; https://www.franklincovey.de/.

Als dann die Anfrage von Simon & Schuster kam, ob ich ein Kinderbuch über die 7 Wege schreiben würde, war ich vor Aufregung ganz aus dem Häuschen – als hätte es gerade zur großen Pause geklingelt!

Ich glaube, dieses Buch kann Kindern in dreierlei Hinsicht helfen:

Es zeigt ihnen, wie viel man erreichen kann, wenn man nach Prinzipien lebt – Prinzipien wie Verantwortung, Planung, Respekt vor anderen, Teamwork und Ausgleich. Prinzipien sind wie die Schwerkraft. Sie sind zeitlos, universell, selbsterklärend und heute wichtiger denn je.

Es vermittelt ihnen eine Sprache, in der sie sich mit Eltern und Lehrern verständigen können. Es ist sehr hilfreich, wenn man sagen kann: »Ich muss das Wichtigste zuerst machen«, oder: »Lasst uns überlegen, wie alle etwas von dieser Situation haben«, und alle genau wissen, wovon die Rede ist.

Die Kinder werden sich in den ganz unterschiedlichen Figuren wiederfinden – ob sie sich mit Brumm, dem Bären, oder Sophie Eichhörnchen identifizieren. So helfen ihnen die Geschichten, die 7 Wege auf das eigene Leben zu übertragen.

Beim Durchblättern werden Sie sehen, dass jede Geschichte einen der 7 Wege darstellt. Im Anschluss finden Sie immer einen Hinweis für Eltern und Lehrer (Eltern-Ecke) mit Vorschlägen, wie Sie das beschriebene Verhalten fördern können. Die Seite enthält auch eine Liste mit Fragen, die Sie den Kindern zur Geschichte stellen können (Diskussionsstoff), sowie einige Anregungen, wie die Kinder sich das beschriebene Verhalten aneignen können (Kleine Schritte). Am Ende des Buches zeigt ein Bild, wie die 7 Wege miteinander verknüpft sind.

Und jetzt freue ich mich, mit Ihnen gemeinsam unser wichtigstes Ziel zu verfolgen: nämlich alle Kinder zu glücklichen Kindern zu machen!

Alles Gute!
Sean Covey

Die Kinder

Brumm, der Bär

Das ist Brumm, der Bär. Er ist der größte Junge in 7 Eichen, aber auch sehr freundlich. Er liebt die Natur und mag Insekten aller Art – vor allem Ameisen.

Hoppel, der Hase

Darf ich vorstellen: Hoppel, der Hase. Er ist eine Sportskanone. Er mag Fußball, Tennis, Tischtennis, Basketball, Radfahren, Schwimmen und Springen – und was es sonst noch gibt. Er hat eine riesige Sammlung von Turnschuhen.

Lilli Skunk

Lilli ist künstlerisch sehr begabt – besonders für ein Skunk. Sie liebt die Kunst. Eigentlich zeichnet, malt und bastelt sie immer irgendetwas. Ihren kleinen Bruder Frieder hat sie ebenfalls gern.

Sammy Eichhörnchen

Sammy hat es schon immer Spaß gemacht, an technischen Geräten herumzubasteln und Sachen zu reparieren. Man trifft ihn niemals ohne Werkzeug an. Er und seine Zwillingsschwester Sophie wohnen in einem Baumhaus – wie alle Eichhörnchen.

von 7 Eichen

Sophie Eichhörnchen

Sophie ist Sammys Zwillingsschwester. Ihre Lieblingsbeschäftigung ist Lesen. Auch Mathe findet sie gut. Manchmal verwendet sie ziemlich komplizierte Wörter, die sie ihren Freunden erst erklären muss.

Piek Stachelschwein

Piek hat viele spitze Stacheln. Sie verraten, wie es ihm gerade geht. Wenn er traurig ist, hängen sie herunter. Wenn er aufgeregt ist, stehen sie nach oben. Piek ist ein ganz Ruhiger. Am liebsten liegt er den ganzen Tag in der Hängematte und spielt Mundharmonika.

Elli Auchdabei

Und dann ist da noch Elli Auchdabei. Elli ist eine Maus und tapst meist hinter den anderen her – vor allem hinter ihrer besten Freundin Lilli. Sie wohnt bei ihrer Oma und stöckelt mit Vorliebe in Omas Schuhen und mit Omas Schmuck behängt herum.

Das ist **Ernie, der Wurm.** Weil er sehr schüchtern ist, musst du ihn suchen ...

Familie
Eichhörnchen
7
Willkommen

Mir ist laaangweilig!

Sammy Eichhörnchen war es langweilig. STINKlangweilig. »Mama«, sagte er. »Mir ist langweilig. Ich weiß nicht, was ich machen soll.«

»Was ist denn mit den Sachen, die du sammelst?«, fragte Mama. »Mit dem kaputten Spielzeug, den Radios und Handys. Du bastelst doch so gern daran herum.«

»Aber heute habe ich keine Lust dazu«, sagte Sammy. »Vielleicht weiß Sophie, was ich machen könnte.«

Sammy klopfte an Sophies Tür. *Klopf. Klopf. Klopf.* Aber er bekam keine Antwort.

»Sophie ist in der Bibliothek«, sagte Mama. »Sie gibt die Bücher zurück, die sie letzte Woche ausgeliehen hat. Wahrscheinlich bringt sie stapelweise neue mit.«

»Zumindest ist ihr nicht langweilig«, brummte Sammy.

»Du müsstest dich auch nicht langweilen«, entgegnete Mama. »Warum gehst du nicht mal zu Piek? Vielleicht hat der ja Zeit zum Spielen.«

Und so machte sich Sammy auf den Weg zu Piek.

Piek lag in seiner Hängematte.

»Hey, Piek. Was geht?«

»Wonach sieht's denn aus?«, fragte Piek. »Ich liege in meiner Hängematte.«

»Mir ist langweilig«, sagte Sammy. »Weißt du vielleicht, was ich machen könnte?«

»Klar«, antwortete Piek. »Du könntest dich in meine Hängematte legen.«

»Bloß nicht!«, sagte Sammy. »Das ist ja noch langweiliger.«

»Finde ich gar nicht«, entgegnete Piek. »Aber wenn du meinst, kannst du ja mal schauen, was Lilli macht.«

Und so begab sich Sammy auf den Weg zu Lilli.

»Hallo, Lilli«, sagte er. »Mir ist langweilig. Weißt du vielleicht, was ich machen könnte?«

»Und ob!«, antwortete Lilli. »Du kannst mir helfen, meine Puppe Dottie anzumalen, und dann könnten wir Bilderrahmen aus rotem Buntpapier basteln oder du könntest mir den Schwanz bunt anmalen.«

»Ach nö«, sagte Sammy. »Ich hab keine Lust zum Malen. Hast du keine andere gute Idee?«

»Nee«, sagte Lilli. »Ich male nämlich sehr gern. Aber du kannst ja mal schauen, was Brumm macht.«

Und so begab sich Sammy auf den Weg zu Brumm.

Brumm hatte ein Vergrößerungsglas in der Hand und beobachtete irgendetwas im Gras.

»Hey, Brumm«, sagte Sammy. »Was machst du da?«

»Ameisen beobachten«, antwortete Brumm.

Er zog Sammy zu sich herunter, drückte ihm das Vergrößerungsglas in die Pfoten und sagte: »Wenn du genau hinschaust, kannst du Hunderte von Ameisen sehen. Ameisen sind der Hammer!«

Sammy warf einen Blick durch das Vergrößerungsglas. »Igitt!«, rief er. »Ich will keine Ameisen beobachten. Ameisen sind eklig. Fällt dir nichts anderes ein?«

»Nö«, entgegnete Brumm. »Ich fahre gerade voll auf Ameisen ab. Du kannst ja mal schauen, was Hoppel macht.«

Und so begab sich Sammy auf den Weg zu Hoppel.

Hoppel warf mit seinem Basketball auf den Korb, der in der Einfahrt hing.

Er dribbelte auf Sammy zu und fragte: »Willst du mitspielen?«

»Ach nein«, sagte Sammy. »Ich habe keine Lust auf Basketball. Weißt du vielleicht, was ich sonst noch machen könnte?«

»Schau gut zu«, rief Hoppel. »Ich bin der Super-Hase!« Er sprang in die Luft und traf mit dem Ball genau in den Korb. »Volltreffer!«

Sammy seufzte. Offenbar hatte niemand eine gute Idee. Aber vielleicht konnte er mit Elli Auchdabei spielen, und so machte er sich auf den Weg zu ihr.

Trautes
HEIM
Glück
allein
CARPE DIEM

Ellis Oma strich grade die Veranda.

»Hallo«, sagte Sammy. »Wo ist denn Elli Auchdabei?«

»Sie hat eine Halsentzündung und liegt im Bett«, antwortete Ellis Oma.

»Mist«, sagte Sammy und schwieg. »Mir ist langweilig. Wollen Sie vielleicht mit mir spielen?«

Ellis Oma lachte. »Das geht nicht, Sammy. Ich habe zu tun.«

»Keiner will mit mir irgendwas machen, was Spaß macht«, jammerte Sammy. »Mir ist so langweilig.«

»Das liegt doch an dir«, sagte Ellis Oma. »Du musst schon selbst etwas finden, das dir Spaß macht – niemand sonst.«

»Wie meinen Sie das?«, fragte Sammy.

»Ich meine, du kannst selbst etwas finden, das dir Spaß macht. Du brauchst niemand anders dazu. Schau dich einfach um und denk ein wenig nach. Dann fällt dir bestimmt etwas Tolles ein.«

Sammy schaute sich um. Er sah Wolken. Er sah Bäume. Er sah drei Mülltonnen, die an der Hauswand aufgereiht waren. Auf einer stand ein altes Radio, aus dem überall Kabel hingen.

Plötzlich ging Sammy ein Licht auf.

»Brauchen Sie das alte Radio noch?«, fragte er Ellis Oma.

»Nein«, antwortete sie. »Das ist kaputt. Deshalb habe ich es weggeworfen.«

»Kann ich es haben?«, fragte Sammy. »Ich liebe Radios!«

»Na klar«, sagte Ellis Oma.

Sammy nahm das Radio mit nach Hause und stellte es in seinem Zimmer auf den Boden. Dann begann er mit der Reparatur. Er brauchte ein paar Stunden, um das Radio wieder zum Laufen zu bringen, aber bis Mittag hatte er

MOND

es geschafft. Er beklebte es überall mit Sternen und band eine Schleife darum. Dann ging er damit wieder zu Elli Auchdabei.

»Was ist denn das?«, fragte Ellis Oma.

»Ein Geschenk für Elli, damit sie schnell wieder gesund wird!«, sagte Sammy. »Ich habe es repariert, damit sie Radio hören kann, während sie sich erholt. Mir ist auch nicht mehr langweilig. Jetzt weiß ich endlich, was mir Spaß macht.«

»Prima!«, sagte Ellis Oma. »Dann gehen wir jetzt mal rein und zeigen Elli das Radio.«

Der Anblick des Radios zauberte Elli ein Lächeln ins Gesicht, das von einem Ohr zum anderen reichte.

»Tho eine thöne Thleife!«, lispelte sie.

ELTERN-ECKE

1. Weg – proaktiv sein • *Du hast es selbst in der Hand*

Wie oft jammern meine Kinder: »Uns ist so langweilig, Papa. Wir wissen nicht, was wir machen sollen«, als wäre das irgendwie meine Schuld. Ich erwidere meist: »Und, was wollt ihr dagegen tun?« Für gewöhnlich geben sie dann Ruhe – zumindest vorübergehend. Damit möchte ich sagen, dass wir unseren Kindern unbedingt beibringen müssen, die Verantwortung für ihr eigenes Leben, ihren Spaß oder ihre Langeweile, ihr Glück oder Unglück, zu übernehmen. Dies ist der 1. Weg – proaktiv sein: Nimm dein Leben selbst in die Hand und hör auf, das Opfer zu spielen.

Anhand dieser Geschichte können Sie zeigen, wie Sammy versucht, alle anderen für seine Langeweile verantwortlich zu machen – seine Mutter, seine Freunde, das Leben im Allgemeinen. Die anderen sollen sein Problem lösen und ihm helfen, etwas zu finden, was ihm Spaß macht. Nach dem Gespräch mit Ellis Oma versteht er endlich, dass er sich selbst darum kümmern muss, und tut es schließlich auch.

Diskussionsstoff

1. Warum hatte Sammy Langeweile?
2. Wer war schuld daran, dass Sammy sich langweilte? Sophie? Piek? Lilli? Brumm? Hoppel? Ellis Oma? Oder jemand anders?
3. Was hat Sammy von Ellis Oma gelernt?
4. Langweilst auch du dich manchmal? Wenn ja, was kannst du dagegen tun?
5. Wer ist für deine Entscheidungen verantwortlich: du oder jemand anders?

Kleine Schritte

1. Wenn du dich wieder einmal langweilst, mach jemandem eine Freude – so wie Sammy Elli eine Freude gemacht hat.
2. Probiere heute etwas aus, das dir bisher immer Angst gemacht hat. Finde einen neuen Freund, beteilige dich am Unterricht oder putze das Klo.
3. Wenn du wieder einmal wütend wirst und etwas Freches oder Gemeines sagen willst, dann beiß dich auf die Zunge und halte den Mund.
4. Wenn du einen Fehler gemacht hast, dann entschuldige dich dafür, bevor du dazu aufgefordert wirst.

DUDELS
SPIELWAREN
INSEKTENSAMMEL-
SET
EIN RIESEN-SPAß!
€ 4.00

Brumm und das Insektensammel-Set

Als Brumm an Dudels Spielwarenladen vorbeikam, entdeckte er ein Insektensammel-Set im Schaufenster. Es kostete vier Euro.

»Wow!«, sagte Brumm. »So ein Set wünsche ich mir schon eeewig. Aber ich habe keine vier Euro. Ich muss Geld verdienen. Ich brauche einen Plan.«

Brumm ging nach Hause und machte eine Liste.

Genau in diesem Augenblick kam Hoppel vorbei.

»Was machst du denn da, Brumm?«

»Ich schreibe mir auf, was ich erledigen will«, antwortete Brumm.

»Stark! Kann ich mitmachen?«, fragte Hoppel.

»Klar«, sagte Brumm. »Ich hab eine super Idee: Wir verkaufen Limonade! Es ist echt heiß heute, da wollen die Leute bestimmt etwas Kühles zum Trinken.«

Noch am selben Nachmittag bauten Brumm und Hoppel einen Limonadenstand auf.

Zuerst kamen Sammy und Sophie vorbei.

»Limonade!«, rief Sammy. »Da kaufe ich mir einen Becher.«

»Ich auch«, sagte Sophie. »Diese Hitze ist ziemlich drückend.«

Brumm und Hoppel sahen sich ratlos an.

»Ich habe keinen Schimmer, was du meinst«, sagte Hoppel.

»Es ist heiß«, sagte Sophie. »Echt heiß!«

Dann schauten Lilli Skunk und Elli Auchdabei vorbei.

»Ich nehme einen Becher für Elli und zwei Becher für mich«, sagte Lilli. »Und dann kommt Elli zu mir zum Malen. Stimmt's Elli?«

»Thtimmt«, lispelte Elli.

Ein paar Stunden später hatten Brumm und Hoppel die ganze Limonade verkauft und zwanzig Euro verdient.

»Jetzt sind wir reich!«, rief Brumm. »Komm, wir teilen uns das Geld: zehn Euro für dich und zehn Euro für mich.«

»Volle Punktzahl! Ich weiß auch schon, was ich damit mache«, sagte Hoppel und lief zum Spielwarenladen.

Er kaufte zwei Schokoriegel, etwas Kaugummi und eine Tüte Popcorn und aß alles gleich auf.

Er kaufte ein billiges Jo-Jo, das beim dritten Versuch kaputtging, und eine kleine Wasserpistole, die er auf dem Nachhauseweg verlor.

Währenddessen ging Brumm nach Hause und las seine Liste noch einmal durch. Einen Euro steckte er in die Sparbüchse.

Dann ging er in den Spielwarenladen und kaufte das Insektensammel-Set für vier Euro.

Zwei Euro gab er für Ellis Geburtstagsgeschenk aus – einen kleinen Spiegel.

Auf dem Heimweg ging er bei Pennys Pizzabude vorbei und kaufte ein Stück Honigpizza für einen Euro.

Jetzt hatte er noch zwei Euro fürs Kino. Als Brumm die Straße entlangging, kam Hoppel angelaufen.

»Wo soll's denn hingehen, Brumm?«, fragte er.

»Ins Kino«, erwiderte Brumm.

»Ich würde ja wirklich gerne mitkommen«, seufzte Hoppel. »Aber ich habe mein ganzes Geld schon ausgegeben.«

»Wofür denn?«, fragte Brumm.

»Ach, ich hab jede Menge Zeug gekauft«, sagte Hoppel. »Das Geld war irgendwie ganz schnell weg.«

»Du hättest vorausplanen sollen«, sagte Brumm. »Ich habe mir alles gekauft, was auf meiner Liste war.«

Hoppel ließ Ohren und Schnurrhaare hängen. »Das ging bei mir wohl voll daneben«, sagte er.

»Mach dir nichts draus«, sagte Brumm. »Jetzt weißt

du ja, wie's geht, und kannst es beim nächsten Mal richtig machen.«

»Das war echt clever von dir«, sagte Hoppel. »Viel Spaß im Kino!«

»Du kannst mitkommen«, sagte Brumm. »Ich habe noch zwei Euro übrig. Das reicht für uns beide. Im Euro-Kino läuft *Die Riesenspinne frisst den Blob.* Na los, gehen wir!«

ELTERN-ECKE

2. Weg – schon am Anfang das Ziel im Kopf haben • *Mach dir einen Plan*

Als ich klein war, erzählte unsere Mutter meinen Brüdern und mir oft von zwei Jungen namens Charles und Remus, die pausenlos überlegten, wie sie Geld verdienen konnten. Wenn sie etwas Geld hatten, lebte Charles in den Tag hinein und verprasste alles, während Remus plante und seinen Teil sinnvoll ausgab. (Vielen Dank für die Idee zu dieser Geschichte, Mom!) Vermutlich wollte unsere Mutter uns den 2. Weg erklären – schon am Anfang das Ziel im Kopf zu haben.

Diese Geschichte bietet ein paar witzige Möglichkeiten: Sie können erklären, warum es so wichtig ist, Ziele aufzuschreiben. Denn wie es so schön heißt: Ein Ziel, das nicht schriftlich festgehalten wird, ist bloß ein Wunsch. Sie können auch rechnen üben, indem Sie die Kinder addieren und subtrahieren lassen, wie Brumm und Hoppel ihr Geld ausgeben. Sie können aber auch darüber sprechen, dass Planung immer und überall hilfreich ist und man so auch anderen besser helfen kann. Genau wie Brumm, der Hoppel ins Kino einladen konnte, weil er einen Euro zusätzlich in der Tasche hatte.

Diskussionsstoff

1. Wie sah Brumms Plan aus?
2. Wie viel Geld haben Brumm und Hoppel verdient? Wie haben sie es aufgeteilt?
3. Wofür hat Hoppel sein Geld ausgegeben? Was hat Brumm damit gemacht? Wer hat sein Geld besser angelegt?
4. Wie konnte Brumm Hoppel am Ende helfen?
5. Warum ist es wichtig vorauszuplanen?

Kleine Schritte

1. Lege heute Abend vor dem Schlafengehen die Kleider für morgen zurecht.
2. Nimm Papier und Bleistift und notiere drei Ziele, die du erreichen willst.
3. Erzähle Mama oder Papa, was du einmal werden willst, wenn du groß bist.
4. Wir wollen alle irgendetwas besser machen. Das können die Hausaufgaben sein oder das abendliche Zähneputzen. Wähle eine Sache, die du besser machen willst, und fange gleich damit an.

Die Wörter der Woche:
spiele
Spaß
viel
für
dich
Trommel

Piek und der Rechtschreibtest

Am Montagmorgen im Unterricht sah Piek, wie Frau Uhu sechs Wörter an die Tafel schrieb:

spiele Spaß viel für dich Trommel

»Das sind die Wörter für den Rechtschreibtest am Freitag«, erklärte sie. »Wenn ihr jeden Abend übt, könnt ihr sie am Freitag fehlerfrei!«

Nach der Schule ging Piek nach Hause und legte sich hin.

Dingdong, klingelte es an der Tür. Es war Sammy.

»Hey, Piek«, sagte er. »Ich geh zur Mülldeponie nach Elektrogeräten suchen. Kommst du mit?«

Piek wusste, dass er eigentlich lernen sollte, aber der Ausflug zur Mülldeponie hörte sich vergnüglicher an.

»Klar«, sagte er.

Bei der Mülldeponie angekommen, entdeckte Piek eine alte Trommel. Er schlug sie leicht an.

Dum-dum-duuuuuum-dum.

»Krass!«, rief er. Piek nahm die Trommel mit nach Hause und spielte noch den ganzen Nachmittag.

Am Dienstag klingelten Lilli Skunk und Elli Auchdabei bei Piek.

»Elli und ich haben gerade *suuuperleckere* Schokoladenkekse gebacken«, sagte Lilli.

»Magthtu thie verthuchen?«, lispelte Elli.

»Was?«, fragte Piek zurück.

»Ob du sie versuchen willst«, wiederholte Lilli.

»Ich muss eigentlich für den Rechtschreibtest lernen«, sagte Piek. »Aber … das kann ich auch noch später machen.« Sie gingen zu Lilli.

Als Piek nach Hause kam, spielte er erst Trommel. Dann Mundharmonika. Und dann schlief er ein.

Am Mittwochnachmittag ging Piek mit Brumm auf Schmetterlingsjagd.

Am Donnerstagnachmittag machte er eine Radtour mit Hoppel.

Als er nach Hause kam, fiel ihm wieder ein, dass am nächsten Tag der Rechtschreibtest war und er kein einziges Wort geübt hatte. Er nahm seine Karteikarten und klebte sie an die Wand.

spiele Spaß viel für dich Trommel

Piek wollte die Wörter abschreiben, aber die Buchstaben verschwammen wie Fische vor seinen Augen.

So viele Wörter konnte sich Piek auf einmal nicht merken. Je mehr er sich anstrengte, desto größer wurde das Durcheinander in seinem Kopf. Irgendwann gab er auf und ging ins Bett.

Am nächsten Tag fiel er beim Rechtschreibtest durch. Er schrieb alle Wörter falsch – bis auf Trommel.

»Was war denn los?«, fragte Frau Uhu. »Hast du denn nicht geübt? Das kannst du doch besser.«

»Mir ist immer wieder was dazwischengekommen«, sagte Piek.

Sophie stand daneben. »Du solltest nicht prokrastinieren«, sagte sie.

»Was?«, fragte Piek.

»Du hättest das Wichtigste zuerst machen sollen«, erklärte Sophie. »Du hättest zuerst die Hausaufgaben machen sollen.«

Frau Uhu pflichtete ihr bei und sagte, Piek könne den Test am nächsten Freitag wiederholen.

»Und dieses Mal wird gelernt!«, sagte sie.

Piek ging nach Hause. Er schaute seine neue Trommel an. *Dum-dum-duuuuuum-dum,* erklang es in seinem Kopf.

Dann schaute er die Karteikarten an.

Dingdong, klingelte es an der Tür. Es war Sophie.

»Ich kann dir beim Lernen helfen«, sagte sie.

Sie übten eine ganze Stunde ohne eine einzige Pause.

Dingdong, klingelte es wieder an der Tür. Es war Hoppel.

»Willst du mit mir Basketball spielen?«, fragte er.

»Das geht nicht«, sagte Piek.

»Ich bin gerade am Lernen.«

»Du machst *was?*«

»Ich lerne«, wiederholte Piek.

»Alles klar. Spielen wir eben ein anderes Mal«, sagte Hoppel und lief davon.

Piek übte jeden Tag ein bisschen.

Am Freitag wiederholte er den Test.

»Fell und Federn!«, rief Frau Uhu. »Du hast alles richtig!«

Pieks Stacheln ragten stolz nach oben. Er wollte sich bei Sophie bedanken. Er ging nach Hause, holte seine Trommel und stellte sie mit einer Karte vor ihre Tür.

ELTERN-ECKE

3. Weg – das Wichtigste zuerst tun • *Erst die Arbeit, dann das Vergnügen*

Es ist schon komisch, dass sich Kinder eine halbe Stunde über ihre Pflichten beschweren und nicht merken, dass die Arbeit in der gleichen Zeit erledigt gewesen wäre. Unglaublich. Es ist tatsächlich schwer, das Wichtigste zuerst zu machen. Es ist auch der Weg, von dem wir am leichtesten abkommen. Warum? Weil wir beinahe süchtig danach sind, das Dringende oder Leichtere zuerst zu machen. Doch wenn wir unseren Kindern nicht beizeiten beibringen, auf ihre Belohnung zu warten und das Schwierige (oder Wichtigste) zuerst zu tun, lernen sie es möglicherweise zu spät oder nie. Betonen Sie bei dieser Geschichte, wie schrecklich man sich fühlt, wenn man Dinge auf die lange Bank schiebt – so wie Piek, der am Abend vor dem Test büffeln musste. Vergleichen Sie es mit dem guten Gefühl, vorbereitet zu sein. Ein kluger Mensch hat einmal gesagt: »Tu, was du tun musst, damit du tun kannst, was du tun willst.«

Diskussionsstoff

1. Warum hat sich Piek vor dem Lernen gedrückt? Was hat er stattdessen gemacht?
2. Wie hat sich Piek am Abend vor dem ersten Test gefühlt?
3. Was bedeutet »prokrastinieren«? Was hat Sophie Piek dazu gesagt?
4. Wie hat sich Piek gefühlt, nachdem er gelernt und eine Eins geschrieben hatte?
5. Warum sollte man das Wichtigste unbedingt zuerst machen?

Kleine Schritte

1. Was sind deine wichtigsten Aufgaben oder Pflichten? Klavier üben? Dein Bett machen? Deine Hausaufgaben machen? Den Müll rausbringen? Sprich mit deiner Mama oder deinem Papa darüber.
2. Überrasche deine Eltern morgen damit, dass du deine Aufgaben unaufgefordert erledigst.
3. Wenn du mal wieder viele Hausaufgaben hast, mach das Schwierigste zuerst.
4. Überlege dir, welche Aufgabe du schon länger vor dir herschiebst – zum Beispiel Zimmer aufräumen, den Reifen an deinem Rad aufpumpen oder die kaputte Schublade der Kommode reparieren. Erledige es sofort!

Lilli und der Gemüsegarten

Als Lilli noch ein ganz kleines Stinktier war, besuchte sie Frau Uhu gern im Garten. Dort gab es so viel schönes Gemüse – Gurken, Radieschen, Möhren, Paprikaschoten, Bohnen und Salat.

Eines Nachmittags sagte Lilli zu ihrer Mama: »Ich wünschte, wir hätten auch so einen Gemüsegarten wie Frau Uhu.«

»Ich auch«, entgegnete Mama. »Aber ein Gemüsegarten kostet viel Zeit und macht viel Arbeit.«

»Ich weiß«, sagte Lilli. »Aber ich werde alles alleine machen. Versprochen.«

»Tut mir leid«, sagte Mama. »Aber du weißt wirklich nicht, wie viel Arbeit das ist. Erst musst du die Beete vorbereiten, säen und dann fast täglich Unkraut jäten und gießen. Am Ende wird die meiste Arbeit an mir hängen bleiben, und ich habe gerade gar keine Zeit.«

»Aber ich wünsche es mir doch so sehr«, flehte Lilli. Sie sah aus, als würde sie gleich in Tränen ausbrechen.

»Na ja«, sagte Mama beim Anblick von Lillis Miene, »wir können ja mal überlegen, ob wir irgendwann etwas Einfacheres anbauen ... zum Beispiel Erdbeeren. Ein Erdbeerbeet würde weniger Arbeit machen als ein Gemüsegarten ... und Erdbeeren sind einfach köstlich!«

Aber Lilli wollte nicht warten bis irgendwann. Sie wollte gleich einen Gemüsegarten.

Mitten in der Nacht wurde Lilli von einem tollen Einfall geweckt. Sie lief zum Schreibtisch und nahm ein Blatt Papier heraus. Mit ihrem Lieblingsstift schrieb sie ihrer Mama einen Brief:

Am nächsten Morgen überreichte Lilli ihrer Mama den Brief.

Nachdem ihre Mama ihn gelesen hatte, sagte sie: »Du willst also unbedingt einen Garten, Lilli.« Sie überlegte kurz und fuhr dann fort: »Wenn du mir versprichst, dass du die meiste Arbeit machst und ich Erdbeeren bekomme, dann haben wir beide etwas davon. Wann soll's denn losgehen?«

»Jetzt gleich!«, sagte Lilli.

Am gleichen Nachmittag harkten Mama und Lilli die Beete und säten aus. Papa stellte eine Vogelscheuche auf. Danach kümmerten sich Mama und Papa wieder um andere Dinge, und Lilli arbeitete im Garten weiter.

Den ganzen Sommer lang goss und jätete, jätete und goss Lilli, wie sie es versprochen hatte. Es war viel Arbeit. Frieder half mit – oder er versuchte es zumindest. Aber oft war er einfach nur im Weg. Statt das Gemüse zu gießen, goss er meist nur sich selbst.

Außerdem musste Lilli ihm immer wieder sagen, dass er die Möhren nicht herausziehen durfte, um nachzusehen, wie groß sie schon waren.

Bald wuchsen kleine Pflänzchen aus der Erde.

Und wieder ein paar Wochen später konnte Lilli das erste Gemüse sehen – und sogar Erdbeeren.

Als alles reif war, ernteten Lilli und Frieder reichlich Gemüse und Erdbeeren und brachten die Ernte ins Haus.

»Super!«, rief Mama. »Frisches Gemüse und frische Erdbeeren! Einfach toll! Jetzt muss ich Gemüse und Erdbeeren nicht mehr im Laden kaufen. Gemüse aus dem eigenen Garten ist ja so gesund! Das ist etwas ganz Besonderes!«

Später gab es bei Lilli, Frieder, Mama und Papa Gemüsesuppe und Erdbeertörtchen zum Abendessen.

»Diese Erdbeeren sind so saftig«, sagte Mama. »Sie schmecken lecker und haben viele Vitamine. Ich bin stolz auf dich, Lilli! Du hast den ganzen Sommer hart gearbeitet. Ich musste fast nichts machen – wie du gesagt hast. Und dir auch vielen Dank, Frieder!«

»Schön, dass du dich freust«, sagte Lilli.

»Vielleicht sollte ich Blumen anpflanzen«, überlegte Mama.

»Bist du dir sicher, Mama?«, fragte Lilli. »Ein Garten kostet viel Zeit und macht viel Arbeit. Du hast ja keine Ahnung, wie viel Arbeit das ist!«

ELTERN-ECKE

4. Weg – Win-win-Situationen schaffen • *Jeder hat etwas davon*

Eine der besten Verhaltensweisen, die wir unseren Kindern beibringen können, ist, immer auch an den anderen zu denken. Schließlich geht es im Leben nicht nur um mich oder dich, sondern um uns. Erklären Sie anhand dieser Geschichte, dass Lilli sich entscheiden musste, als ihre Mutter von der Idee des Gartens nicht begeistert war. Sie hätte schmollen und sagen können: »Nie darf ich was!« Das wäre eine Lose-win-Situation gewesen. Sie hätte auch kämpfen können: »Dann lege ich den Garten eben ohne deine Erlaubnis an. Ätsch!« Das wäre eine Win-lose-Situation gewesen. Aber sie fand eine Lösung, mit der beide glücklich waren – eine Win-win-Situation.

Diskussionsstoff

1. Wovon war Lilli so begeistert? Warst du auch schon einmal Feuer und Flamme für etwas? Was war das?
2. Warum hatte Lillis Mama Bedenken?
3. Wie konnte Lilli ihre Mama überzeugen, ihrer Idee zuzustimmen?
4. Warum waren am Ende sowohl Lilli als auch ihre Mama glücklich? Warum hatten beide etwas davon?
5. Warum sollte man überlegen, wie man sich und andere glücklich machen kann?

Kleine Schritte

1. Bitte einen älteren Menschen, dir die goldene Regel zu erklären – und probiere sie gleich aus.
2. Versuche, einen Tag lang weder beleidigt zu sein noch dich zu bemitleiden.
3. Frage dich, wenn du dich wieder einmal um das beste Spielzeug streiten oder raufen willst: »Wie kann ich den anderen ebenfalls glücklich machen?«
4. Bastle ein »Wunschposter«: Ziehe eine Mittellinie. Schneide aus Zeitschriften Bilder von Dingen aus, die du dir wünschst, und klebe sie auf die eine Seite. Schneide dann Bilder von Dingen aus, die deine Eltern sich wünschen (zum Beispiel ein ordentliches Zimmer), und klebe sie auf die andere Seite. Seht euch das Poster an und überlegt, wie sich sowohl deine als auch ihre Wünsche verwirklichen lassen.

HÖHLE UND
HERD SIND
GOLD WERT

Hoppel und das verlorene Schmetterlingsnetz

Eines Tages schaute Hoppel bei Brumm vorbei. »Wollen wir Frisbee spielen?«, fragte er.

»Nein danke«, sagte Brumm. »Ich bin viel zu traurig. Ich habe mein Schmetterlingsnetz verloren.«

»Aber die Sonne scheint«, probierte es Hoppel noch einmal. »Wir könnten zum Fischaugensee gehen.«

»Keine Lust«, sagte Brumm.

»Ach bitte, bitte«, sagte Hoppel. »Das wäre doch ein Riesenspaß. Jetzt komm schon!« Er hüpfte im Kreis um Brumm herum.

»Nein!«, sagte Brumm. »Du redest

zu viel und springst zu viel herum und hörst nie zu! Lauf einfach los und amüsier dich ohne mich.«

»Na gut«, sagte Hoppel. »Bis später dann!«

Hoppel lief weiter. Er trottete an Elli Auchdabeis Haus vorbei. Sie saß in ihrem Sandkasten.

»Bu-huuu!«, heulte Elli.

»Was ist denn los?«, rief Hoppel.

»Mein Thwetthört itht falth rum.«

»Was?«, sagte Hoppel. »Deine Schaufel ist krumm? Dann machen wir sie eben wieder gerade!«

Elli schüttelte den Kopf. »Bu-huuu!«, heulte sie. »Mein Thwetthört itht falth rum.«

»Alles klar, jetzt hab ich's!«, sagte Hoppel. »Rum. Du willst in die Rumbuddelbucht zum Spielen.«

Elli strampelte mit den Beinen. »Bu-huuu! Mein Thwetthört itht falth rum!«

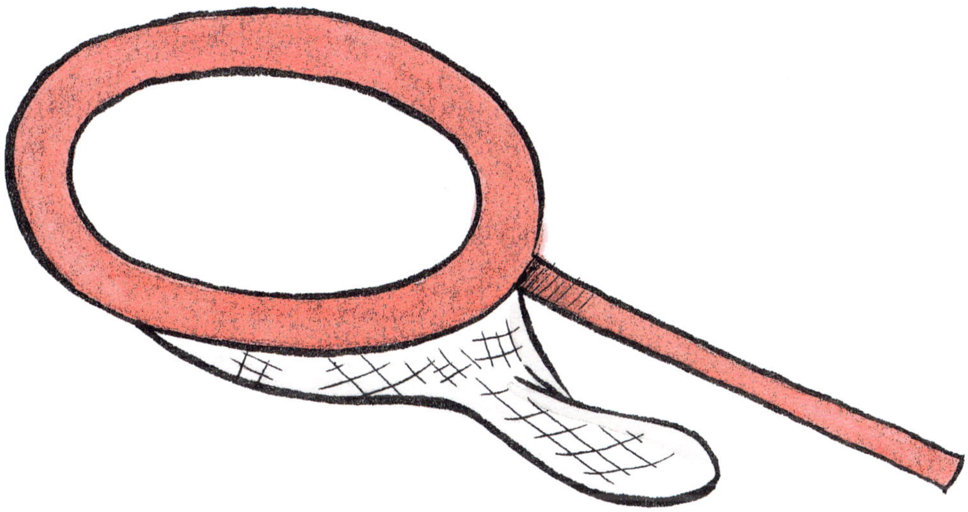

»Ich geb auf«, sagte Hoppel. »Vielleicht findet Lilli Skunk heraus, was los ist.«

Hoppel nahm Elli Huckepack, und sie machten sich auf den Weg.

Hoppel klingelte bei Lilli, und Lilli machte die Tür auf.

»Hallo, Hoppel, hallo, Elli. Was gibt's?«

»Bu-huuu!«, heulte Elli.

Lilli schaute sie an. »Was ist denn los?«, fragte sie.

»Mein Thwetthört itht falth rum.«

»Ach herrje«, sagte Lilli. »Dein Sweatshirt ist falsch rum! Du Ärmste!«

Lilli zog Elli das Sweatshirt über den Kopf, drehte es um und zog es ihr wieder an.

»Wie hast du das rausgekriegt?«, fragte Hoppel.

»Du musst mit dem Herzen und den Augen zuhören, nicht nur mit den Ohren«, sagte Lilli. »Hast du denn nicht gesehen, dass sie das Sweatshirt verkehrt herum anhatte?«

»Nein«, sagte Hoppel. »Das habe ich gar nicht bemerkt.« Er dachte kurz nach. Dann sagte er: »Ich muss zu Brumm«, und lief davon.

»Nimm mich mit!«, rief Elli.

Brumm lag auf einem Baumstamm vor dem Haus und ließ den Kopf hängen.

»Ich kann sehen, dass du echt traurig bist«, sagte Hoppel. »Was ist denn los?«

»Hab ich dir doch schon gesagt«, antwortete Brumm. »Ich habe mein Schmetterlingsnetz verloren. Ist ja nur mein absolutes Lieblingsspielzeug.«

»Dann gehen wir es eben suchen!«, sagte Hoppel.

»Hab ich schon«, sagte Brumm. »Es ist weg. Für immer verloren.«

Elli zupfte an Hoppels Hose.

»Lilith Hauth«, lispelte sie.

»Könntest du das noch mal sagen?«, bat Hoppel.

Er beugte sich hinunter und sah ihr gerade in die Augen.

»Thmetterlingthneth bei Lilith Hauth«, wiederholte sie.

»Lilith Hauth?«, fragte Hoppel. »Ah, jetzt hab ich's kapiert. Lillis Haus! Brumms Schmetterlingsnetz ist bei der großen Eiche! Stimmt's?«

»Thtimmt!«, sagte Elli.

»Gut gemacht!«, lobte Hoppel. »Dann gehen wir es mal holen!«

Sie liefen gemeinsam zu Lillis Haus, wo das Schmetterlingsnetz an der großen Eiche lehnte.

»Mein Schmetterlingsnetz«, jubelte Brumm und hob es auf. »Jetzt fällt mir wieder ein, dass ich gestern hier auf Schmetterlingsjagd war. Wie hast du herausgefunden, was Elli sagen wollte, Hoppel?«

»Du musst nicht nur mit den Ohren zuhören, sondern auch mit dem Herzen und den Augen«, sagte Hoppel.

»Hmmm«, erwiderte Brumm.

»Thpielen wir thuthammen im Thandkathten?«, fragte Elli.

Brumm beugte sich hinunter und sah sie an.

»Sag's noch mal«, bat er.

»Thpielen wir thuthammen im Thandkathten?«, wiederholte Elli.

»Ich glaube, ich weiß, was du sagen willst«, sagte Brumm. »Wir sollen mit dir im Sandkasten spielen. Richtig?«

ELTERN-ECKE

5. Weg – erst verstehen, dann verstanden werden • *Hör zu, ehe du sprichst*

Meine Frau und ich haben den Kindern Spitznamen gegeben. Die dreijährige Elli heißt »Schreihals«. Wenn sie ihren Willen nicht bekommt oder sich übergangen fühlt, brüllt sie laut, um sich Aufmerksamkeit zu verschaffen. Erwachsene können das nicht. Sie bringen es anders zum Ausdruck, wenn sie sich nicht gehört fühlen. Denn jeder Mensch wünscht sich nichts sehnlicher, als verstanden zu werden.

In der Schule lernen wir Lesen, Schreiben und Sprechen. Aber die wichtigste Fähigkeit der Kommunikation, das Zuhören, lernen wir nicht. Es genügt nicht, wenn wir nur die Ohren aufsperren, da Worte weniger als zehn Prozent der Kommunikation ausmachen. Der Rest sind Körpersprache, Tonfall und die Emotionen in unserer Stimme. Es wäre ein großer Segen, wenn wir unseren Kindern schon früh beibringen könnten, wie man zuhört! Zeigen Sie anhand dieser Geschichte, wie Hoppel lernte, nicht nur mit den Ohren, sondern auch mit den Augen und dem Herzen zuzuhören – was alle glücklicher machte!

Diskussionsstoff

1. Wie reagierte Hoppel, als Brumm sagte, er sei traurig und wolle nicht spielen?
2. Wie hat Elli sich gefühlt, als Hoppel sie nicht verstand? Wie fühlst du dich, wenn dich niemand versteht?
3. Wer hat Elli geholfen, ihr Problem zu lösen? Was hat Lilli Skunk zu Hoppel über das Zuhören gesagt?
4. Wer war am Ende der Geschichte glücklich? Warum ist Zuhören so wichtig?

Kleine Schritte

1. Versuch mal, eine ganze Stunde lang kein Wort zu sagen. Beobachte stattdessen die Leute um dich herum und höre zu, was sie sagen. Viel Glück!
2. Wer ist deiner Ansicht nach gut im Zuhören? Deine Oma? Dein Papa? Dein bester Freund? Was macht diese Menschen zu guten Zuhörern?
3. Wenn wieder einmal jemand aus deinem Freundeskreis traurig ist, achte auf dessen Augen oder Körperhaltung. Sag, dass es dir aufgefallen ist und du helfen willst.

Die frechen Dachse

Am Samstag trafen sich die Freunde oft zum Fußballspielen in Onkel Buddys Park. Wenn auch andere Kinder da waren, kam manchmal spontan ein Spiel zustande.

Eines Tages tauchten die frechen Dachse auf dem Platz auf.

»Wollt ihr spielen?«, fragte der Größte von ihnen. »Wir gewinnen natürlich, aber wir spielen trotzdem gegen euch. Ist ja sonst keiner da.«

Die Freunde steckten die Köpfe zusammen.

»Sie werden uns zerquetschen wie Ameisen«, sagte Brumm.

»Ich bin raus«, sagte Piek.

»Ich geh nach Hause und male«, sagte Lilli.

»Wartet mal«, warf Sophie ein. »Die Dachse sind zwar groß und bedrohlich, aber wir haben viel Erfahrung. Wir können sie schlagen. Hoppel wird jede Menge Tore schießen.«

»Wir zeigen ihnen, wer der Boss ist«, sagte Hoppel.

Sophie und Hoppel mussten sich zwar ein wenig anstrengen, doch am Ende hatten sie die anderen überzeugt.

Aber ehe das Team es sich versah, hatten die Dachse schon drei Tore geschossen.

Hoppel gab sich allergrößte Mühe, aber keiner seiner Freunde spielte ihm den Ball zu.

Sophie und Sammy purzelten immer wieder über ihre Schwänze.

Lilli pflückte mittendrin Blumen.

Piek legte sich hin und machte ein Nickerchen.

Brumm holte die Lupe heraus, um Ausschau nach Ameisen zu halten.

Schließlich schoss Elli ein Tor – leider für das andere Team.

Jetzt stand es 4 : 0 für die Dachse!

»Das ist reine Zeitverschwendung«, sagte einer von ihnen. »Kommt, wir gehen nach Hause.«

»Halt, wartet doch mal«, sagte Hoppel. »Ich rede mit meinem Team.«

Er rief seine Mitspieler am Spielfeldrand zusammen.

»Wir können immer noch gewinnen«, sagte er.

»Vergiss es«, entgegnete Piek. »Die machen Hackfleisch aus uns.«

»Die Dachse sind vielleicht größer und stärker als wir«, sagte Sophie, »aber gemeinsam können wir sie schlagen. Wir müssen unsere Potenziale nutzen.«

»Unsere was?«, fragte Lilli.

»Unsere Möglichkeiten«, antwortete Sophie. »Piek, du gehst ins Tor und stellst die Stacheln auf, damit die Dachse Angst bekommen. Hoppel, du schießt weiter Tore, das kannst du gut. Sammy, du kickst den Ball mit dem Schwanz. Lilli, wenn du keine Blumen pflückst, kannst du tolle Kopfbälle. Brumm, du bist riesig – steh ihnen einfach im Weg. Elli, du warst super. Du musst nur aufs richtige Tor zielen. Kommt, Leute! Wir sind ein Team!«

Sie einigten sich darauf, Sophies Strategie zu testen.

»Hiergeblieben«, sagte Hoppel zu den Dachsen. »Wir sind wieder im Spiel.«

»Das wird nichts ändern«, sagte der frechste Dachs. »Ihr werdet schon sehen.«

Das Spiel begann erneut.
Hoppel spielte den Ball zu Sophie.

Sophie gab ihn an Lilli ab.

Lilli köpfte ihn zu Sammy.

Sammy schob ihn mit dem
Schwanz zu Hoppel.

Und Hoppel kickte
den Ball ins Tor.

»Tor!«, rief Brumm.

Jetzt war das Team Feuer und Flamme. Lilli köpfte den Ball zu Sammy, und der schoss noch ein Tor. Piek stellte die Stacheln auf, sobald die Dachse näher kamen. Brumm nutzte seine Größe, um ihre Stürmer zu blockieren. Hoppel und Sophie schossen zwei weitere Tore. Es stand 4 : 4 – unentschieden – und beide Teams wurden müde.

»Wir spielen so lange weiter, bis die erste Mannschaft ein Tor schießt!«, rief Hoppel.

»Ich hätte da eine originelle Idee«, sagte Sophie.

»Was für eine Idee?«, fragte Brumm.

»Etwas, das noch niemand ausprobiert hat«, sagte Sophie. Sie scharte das Team um sich und erklärte, was sie vorhatte.

»Ran an den Ball!«, rief Hoppel.

Als sie das nächste Mal den Ball hatten, probierten sie Sophies Strategie: Brumm spielte zu Lilli. Lilli köpfte zu Sammy. Sammy hielt Ausschau nach Hoppel, aber der wurde von mehreren Dachsen gedeckt.

Aus dem Augenwinkel sah Sammy, dass Elli frei stand.

»Hier, hier, hieeeer!«, rief sie.

Sammy kickte den Ball zu Elli. Einer der Dachse rannte auf sie zu, doch sie tauchte zwischen seinen Beinen durch.

Als Elli aber auf das Tor zustürmte, stolperte sie.

»Oje«, rief sie und schlug der Länge nach hin. Der Ball prallte seitlich an ihrem Kopf ab – wumms! – und segelte zum entscheidenden Treffer ins Tor.

»Sieg!«, schrie die ganze Bande. »Ein Hoch auf Elli!«

Brumm hob Elli auf seine Schultern.

»Tolles Spiel«, sagte der Mannschaftskapitän der Dachse. »Ihr seid besser, als ich dachte!«

»Danke!«, sagte Hoppel. »Wir können das ja mal wiederholen.«

»Klar«, sagte der Kapitän. »Aber nur, wenn Elli bei uns mitspielt!«

ELTERN-ECKE

6. Weg – Synergien schaffen • *Gemeinsam geht's besser*

Auf eine gemeinsame Mahlzeit folgt bei uns zu Hause das sogenannte 15-Minuten-Programm. Wir lassen 15 Minuten lang alles liegen und stehen und spülen gemeinsam ab. Ich staune immer wieder, wie schnell das ganze Geschirr gespült und weggeräumt ist, wenn alle zusammenarbeiten. Synergie ist, wenn man die Unterschiede analysiert und gemeinsam zu einer besseren Lösung kommt als jeder für sich. Wenn eins plus eins drei ergibt – oder mehr.

Als jeder aus der Rasselbande der 7 Eichen nur für sich spielte, schossen sie kein einziges Tor. Aber als sie ihre individuellen Stärken nutzten und als Team auftraten, waren sie nicht aufzuhalten. Genau wie Helen Keller sagte: »Allein können wir nur wenig tun, gemeinsam aber sehr viel.«

Diskussionsstoff

1. Warum wollten die Kinder erst nicht gegen die Dachse antreten?
2. Warum lagen sie zur Halbzeit so weit zurück? Warum wollten sie aufgeben?
3. Welche Stärken hat Sophie Elli, Brumm, Hoppel, Lilli und Piek zugeschrieben? Was kannst du besonders gut?
4. Wie hat die Bande das Spiel gewonnen? Was machte den Unterschied? Wer erzielte den Siegtreffer?
5. Wie fühlt es sich an, als Team zu gewinnen?

Kleine Schritte

1. Notiere drei Dinge, die du richtig gut kannst. Notiere dann drei Dinge, die ein anderer gut kann – dein Bruder, deine Schwester oder ein Freund.
2. Schau dir ein Spiel deiner Lieblingsmannschaft an. Achte besonders darauf, wie die Spieler als Team zusammenarbeiten.
3. Erkläre, was gute oder schlechte Teammitglieder ausmacht.
4. Bitte im Sommer zwei Freunde, einen Limonadenverkauf mit dir auf die Beine zu stellen. Der eine schreibt das Schild, der andere macht die Limonade, der Dritte stellt den Tisch auf und besorgt Becher und Eis. Viel Spaß!

Z
ZIP-
VERSCHLUSS
Z
ZEBRA
ZOO

Schlafmütze Sophie

Eines schönen Tages an der Bergdorfer Grundschule, als Frau Uhu den Buchstaben Z durchnahm, schlief Sophie einfach ein.

Frau Uhu stellte sich neben sie und kitzelte sie leicht mit einer Feder. »Sophie, aufgewacht!«, sagte sie.

Sophie blinzelte und versuchte, sich zu erinnern, wo sie war.

»Hast du nicht genügend geschlafen?«, fragte Frau Uhu.

»Anscheinend nicht«, sagte Sophie und gähnte. »Heute gehe ich früh ins Bett.«

Auf dem Nachhauseweg sagte Sammy: »Mann, Schwesterherz, kaum zu glauben, dass du heute im Unterricht eingeschlafen bist. Das war meeegapeinlich!«

»Ich weiß«, sagte Sophie. »Aber ich fühle mich wie gerädert.«

»Wie ›gerädert‹?«, fragte Sammy nach.

»Müde«, sagte Sophie. »Ich bin in letzter Zeit immer so müde.«

»Kein Wunder, wenn du die ganze Nacht unter der Bettdecke liest! Mama sollte dir die Taschenlampe wegnehmen.«

»Aber Lesen gibt dem Leben Würze«, protestierte Sophie.

»Ich wusste nicht, dass Bücher würzig sein können«, sagte Sammy. »Ich dachte, das gilt nur fürs Essen.«

»Vergiss es«, sagte Sophie augenrollend. »Lass uns

einfach ganz schnell heimgehen, damit ich mich hinlegen kann.«

Daheim im Baumhaus legte sich Sophie auf die Couch. Aber dann sah sie ein Buch und musste einfach danach greifen.

Klopf, klopf.

Lilli stand vor der Tür. »Willst du mit mir malen?«, fragte sie. »Ich habe neue Malbücher.«

»Nein danke«, sagte Sophie. »Ich bin total erledigt. Wir können ja vielleicht morgen malen.«

»In Ordnung«, sagte Lilli. »Dann geh ich zu Elli.«

Als Lilli fort war, griff Sophie wieder zu ihrem Buch.

Klopf, klopf.

Sophie seufzte. Dieses Mal stand Hoppel vor der Tür.

»Willst du mit mir Fahrrad fahren?«, fragte er.

»Nein danke«, sagte Sophie. »Ich habe gerade null Energie.«

»Ist ja übel«, sagte Hoppel. »Du brauchst Vitamine.«

»Ich brauche Schlaf«, entgegnete Sophie.

»Schon kapiert«, sagte Hoppel. »Dann schaue ich morgen mal, ob du wieder in Form bist.«

Hoppel hüpfte davon, und Sophie griff WIEDER zu ihrem Buch.

Klopf, klopf.

Nun stand Piek vor der Tür.

»Ich kann ein neues Lied«, sagte er. »Wir könnten an den Fischaugensee gehen, du könntest dich ins Gras legen und in den Himmel schauen, und ich spiele es dir vor.«

»Ich hab keine Zeit«, antwortete Sophie. »Ich lese gerade.«

»Du kannst nicht immer nur lesen«, sagte Piek. »Manchmal solltest du einfach Musik hören und die Wolken beobachten.«

»Ein anderes Mal vielleicht«, sagte Sophie.

»Also gut«, sagte Piek. »Bis dann.«

Piek ging wieder, und Sophie griff wieder zu ihrem Buch. Aber ehe sie wusste, wie ihr geschah, schlief sie tief und fest.

Als das Abendessen fertig war, weckte ihre Mutter Sophie auf.

»Du hast ja ziemlich lange geschlafen«, sagte Mama. Sie legte eine Hand auf Sophies Stirn. »Geht es dir gut?«

»Ich bin einfach irgendwie ausgelaugt«, antwortete Sophie.

»Hmmm«, sagte Mama. »Ich denke, du liest zu viel. Bücher sind wunderbar, aber man braucht auch einen gewissen Ausgleich im Leben. Du solltest Beschäftigungen finden, die nicht nur deinen Verstand fordern.«

»Was gibt es denn noch?«, fragte Sophie.

»Dein Herz, deinen Körper und deine Seele«, antwortete Mama.

»Erzählst du mir mehr darüber?«, fragte Sophie.

»Wenn du mit deinen Freunden spielst, ist das gut für dein Herz«, sagte Mama.

»Und was ist mit meinem Körper?«, fragte Sophie.

»Wenn du Sport machst, tut das deinem Körper gut.«

»Und was ist mit meiner Seele?«, fragte Sophie.

»Eine ruhige Beschäftigung, bei der du dich entspannst, tut deiner Seele gut«, sagte Mama. »Du brauchst alle diese Dinge, um ein ausgeglichenes Leben zu haben.«

»Hmmm«, sagte Sophie. »Ich kann ja mal drüber nachdenken.«

Am nächsten Tag beschloss Sophie, Lilli anzurufen. »Willst du immer noch mit mir malen?«, fragte sie.

»Na klar«, antwortete Lilli. »Wenn du rüberkommst, gibt's auch noch Milch und Kekse im Garten.«

Sophie blieb den ganzen Vormittag bei Lilli. Als es Zeit war, zu gehen, sagte sie: »Es war sehr schön bei dir, Lilli. Du bist eine tolle Freundin, und außerdem war das jetzt gut für mein Herz.«

Später schaute Sophie bei Hoppel vorbei. »Mein Körper braucht Bewegung«, sagte sie. »Wollen wir Fahrrad fahren?«

»Aber gern!«, rief Hoppel. »Treten wir in die Pedale!«

Nachdem Sophie und Hoppel eine Runde durch 7 Eichen gedreht hatten, sagte sie: »Danke für das tolle Training. Ich fühle mich schon viel fitter und spüre, wie mein Leben ins Gleichgewicht kommt. Das sollten wir mal wieder machen.«

»Jederzeit«, sagte Hoppel.

»Jetzt brauche ich nur noch etwas für die Seele«, dachte Sophie. »Ich will Musik hören und die Wolken beobachten. Wo Piek wohl ist?«

Piek lag in seiner Hängematte.

»Jetzt hätte ich Zeit, mit dir zum See zu gehen und mir dein neues Lied anzuhören«, sagte Sophie.

Sie gingen zum Fischaugensee. Piek spielte Mundharmonika und Sophie lag im Gras und schaute den Wolken zu. Sie ließ die Gedanken schweifen. Sie dachte an Schmetterlinge. Und Blumen. Und daran, dass sie allmählich wieder nach Hause wollte.

»Danke, Piek«, sagte sie. »Deine Musik hat meiner Seele gutgetan. Aber jetzt muss ich gehen.«

Als sie nach Hause kam, fragte ihre Mutter: »Wie war dein Tag?«

»Ausgeglichen«, sagte Sophie. »Das Malen mit Lilli hat mein Herz erfreut. Beim Radfahren mit Hoppel habe ich meinen Körper bewegt. Und mit meiner Seele habe ich Pieks Musik gelauscht. Es geht mir viel besser. Aber jetzt muss ich mich entspannen.«

»Wie meinst du das?«, fragte Mama.

»Es wird Zeit, mal wieder meinen Verstand einzusetzen«, erwiderte Sophie. »Ich glaube, ich lese ein Buch.«

ELTERN-ECKE

7. Weg – die Säge schärfen • *Ausgleich ist alles*

Von Zeit zu Zeit werden unsere Kinder mürrisch oder hyperaktiv. Ich reagiere dann oft zu heftig und sage: »Benehmt euch nicht wie die Kinder« – und vergesse, dass sie ja genau das sind. Meine Frau ist da klüger. Sie weiß, meist liegt es daran, dass sie aus dem Gleichgewicht sind. Sie sind müde, hungrig oder überreizt. Also gibt sie ihnen einen Apfel, steckt sie in die Wanne oder liest ihnen etwas vor, bis sie wieder »normal« sind. Das gilt im Prinzip auch für uns Erwachsene, oder? Jeder fühlt sich besser, wenn er ausgeglichen ist und sich Zeit für alle vier Dimensionen des Lebens nimmt: Körper (physisch), Herz (sozial), Verstand (mental) und Seele (spirituell).

Erklären Sie anhand der Geschichte, dass der Mensch vier Bereiche hat – so wie ein Auto auf vier Reifen fährt. Um gesund und glücklich zu sein, müssen wir allen Teilen Zeit und Aufmerksamkeit schenken. Sophie konzentrierte sich so sehr auf ihren Verstand, den sie mit Büchern trainierte, dass sie Körper, Herz und Seele vernachlässigte. Deshalb war sie so schlapp. Beim 7. Weg geht es um Ausgleich.

Diskussionsstoff

1. Warum ist Sophie im Unterricht eingeschlafen? Was war laut Sammy die Ursache?
2. Was hat Sophie gemacht, als sie von der Schule heimkam? Wer wollte sie zum Spielen abholen? Warum ist sie zu Hause geblieben?
3. Was empfahl Sophies Mama, damit Sophie sich besser fühlte?
4. Was hat Sophie unternommen, damit es ihr wieder besser ging?
5. Warum ist Ausgleich so wichtig?

Kleine Schritte

1. Geh an zwei Tagen früh zu Bett. Du wirst sehen, wie gut du dich fühlst!
2. Lies eine ganze Woche lang jeden Tag 20 Minuten.
3. Spiele heute mit jemandem, mit dem du schon lange nicht mehr gespielt hast.
4. Begib dich an einen deiner Lieblingsplätze in der Natur. Überlege, was dich im Leben glücklich macht – deine Oma, dein Hund, ein witziges Spielzeug oder mit deinen Freunden zu spielen.

DER BAUM DER 7 WEGE

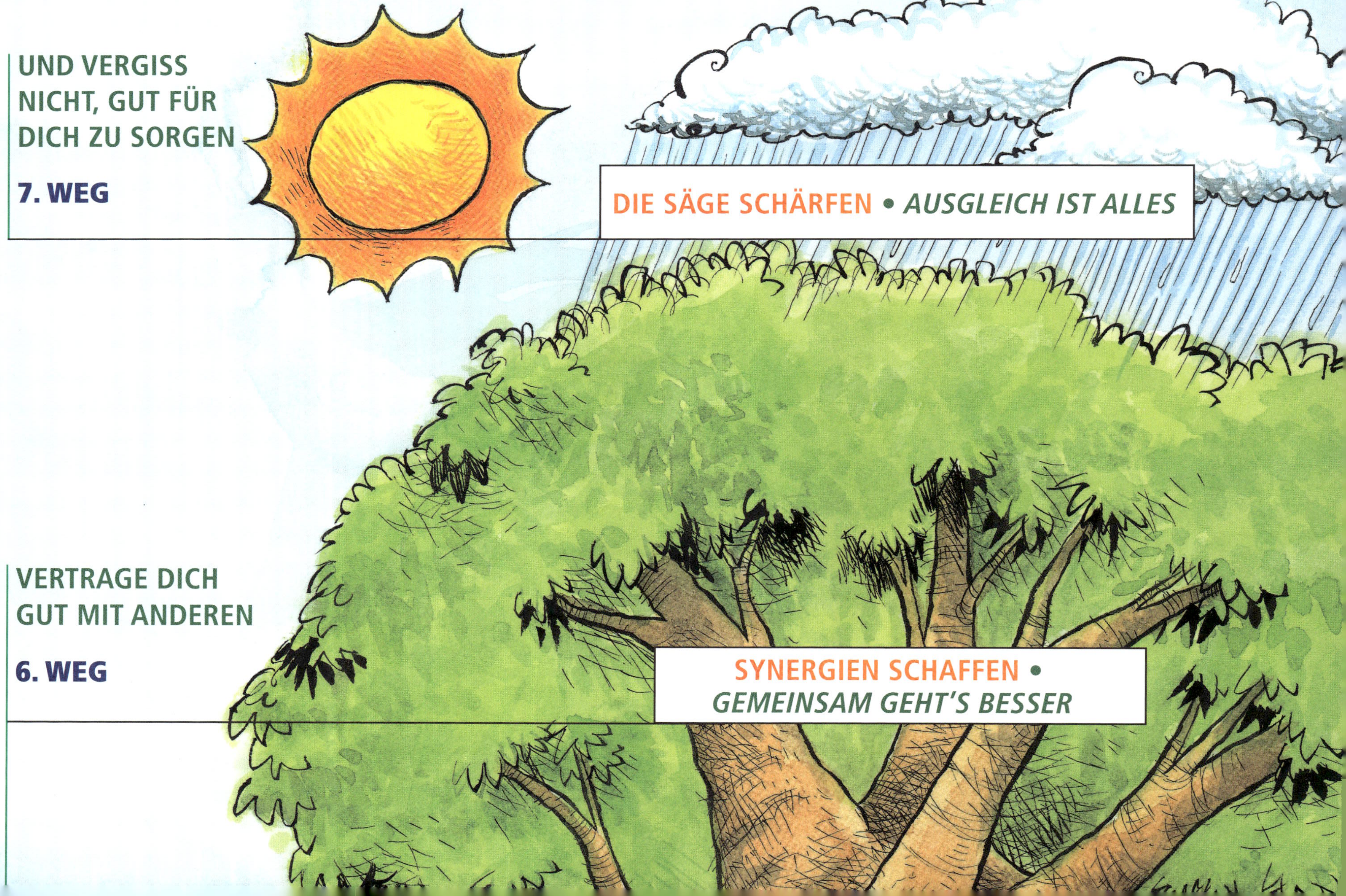

5. WEG
ERST VERSTEHEN, DANN VERSTANDEN WERDEN •
HÖR ZU, EHE DU SPRICHST
4. WEG
WIN-WIN-SITUATIONEN SCHAFFEN •
JEDER HAT ETWAS DAVON
BEGINNE BEI DIR SELBST
3. WEG
DAS WICHTIGSTE ZUERST TUN •
ERST DIE ARBEIT, DANN DAS VERGNÜGEN
2. WEG
SCHON AM ANFANG DAS ZIEL IM KOPF HABEN •
MACH DIR EINEN PLAN
1. WEG
PROAKTIV SEIN • DU HAST ES IN DER HAND

Nachwort von Stephen R. Covey

Unser Sohn Sean, der Autor dieses Kinderbuches, war ein entzückendes Kind. So entzückend, dass meine Frau an seinem ersten Kindergartentag auf Hawaii (ich nahm gerade ein Sabbatjahr) rief: »Ich will ihn nicht abgeben. Ich habe ihn so gern um mich!« Auch Sean war nicht begeistert davon, in den Kindergarten gehen zu müssen. Es war schon schwierig, ihn überhaupt ins Auto zu bekommen. Er war total verrückt nach den hawaiianischen Stränden und seinem barfüßigen Leben. Mit Schule hatte er nichts im Sinn.

Seit damals hat er es weit gebracht.

Als Vater, Großvater und nun auch Urgroßvater weiß ich, wie stark es Menschen und besonders Kinder beeinflussen kann, wenn sie universell gültige Prinzipien erlernen. Deshalb empfehle ich das vorliegende Buch. Es vermittelt die Prinzipien oder Naturgesetze der 7 Wege auf eine unterhaltsame Weise, die Kinder unmittelbar anspricht.

Heute ist viel von Identitätsdiebstahl die Rede – das heißt, dass sich jemand Zugang zu fremden Konten und Ähnlichem verschafft. Das ist schlimm. Es gibt allerdings einen noch gravierenderen Identitätsdiebstahl, von dem kaum jemand etwas ahnt: Wenn Kinder vergessen, wer sie wirklich sind, und ihres angeborenen Werts und Potenzials beraubt werden. Dies ist die schlimmste Form des Identitätsdiebstahls.

Wenn Kinder sowohl zu Hause als auch in der Schule von zeitlosen, universell gültigen Prinzipien wie Verantwortung, Dienst am

Nächsten und Ehrlichkeit umgeben sind, erhalten sie die Bestätigung dafür, wie wertvoll diese Prinzipien sind und welch großes Potenzial sie bergen. Die Kinder entwickeln damit Selbstvertrauen, Integrität und den Mut, das Richtige zu tun. Sie entwickeln Charakterstärke und lernen, wer sie wirklich sind.

Werden Kindern dagegen keine Prinzipien vermittelt und vorgelebt, entwickeln sie ihre Identität aufgrund von Vergleichen. Ihr Selbstwertgefühl oder ihr Mangel an Selbstwertgefühl ergibt sich daraus, wie sie im Vergleich zu anderen abschneiden. Gruppendruck formt ihr Wesen (man könnte sagen, hier stehen die kulturellen Werte gegen das echte Menschsein) und sie verlieren Selbstvertrauen, Integrität und Mut. Mit der Zeit nehmen sie ihr Image wichtiger als sich selbst und werden ihrer wahren Natur beraubt.

Deshalb ist es so wichtig, dass wir ihnen die richtigen Prinzipien unermüdlich vermitteln und vorleben!

Es freut mich sehr, dass es jetzt die Abenteuer von Brumm, Lilli, Hoppel und dem Rest der Rasselbande für unsere Kleinen gibt. Und ich bin überwältigt davon, wie leicht Kinder bereits in den ersten acht Lebensjahren die 7 Wege erlernen – bevor sie eine Identität entwickeln, die auf dem Vergleich mit Gleichaltrigen anstatt auf Prinzipien beruht.

Wir sollten nie vergessen, dass wahre Größe im Charakter eines Menschen liegt und dass Dinge wie Beliebtheit, Ansehen oder Erfolg nicht immer ein Zeichen für Größe sein müssen. Nur wenige Menschen haben beides. Natürlich wünschen wir dies den Kindern, die wir aufziehen oder unterrichten. Trotzdem sollte die primäre Größe an erster Stelle stehen. Unser Charakter ist unser Schicksal oder wie Daniel Webster sagte:

»Was wir in Marmor meißeln, wird vergehen. Was wir auf Messing schreiben, wird die Zeit ausradieren. Die Tempel, die wir errichten, werden zu Staub zerfallen. Aber wenn wir uns dem unsterblichen menschlichen Geist zuwenden und wenn wir die Menschen die Prinzipien der Gerechtigkeit lehren, schreiben wir damit auf Tafeln, die keine Zeit ausradieren wird und die in alle Ewigkeit nicht verlöschen werden.«

Stephen R. Covey

DIE EWIGEN GIPFEL
SANDDÜNEN
NORDWALD
BIBERDAMM
FIS
KIRSCHBACH
SCHAUKEL
ZIEGENINSEL

WALDHÜTERSTATION
ZU DEN OBEREN SEEN
HEIßE HUFEISENQUELLEN
UGENSEE
GROßER BÄRENFELSEN
RUMBUDDELBUCHT
NEBELWALD
ZUR DRACHENBURG

Danke!

Dieses Buch ist das Ergebnis der außerordentlich guten Zusammenarbeit eines überragenden Teams. Jeder von uns hatte sowohl eigene Aufgaben als auch ein Mitspracherecht in allen anderen Bereichen. Daraus entstand echte Synergie, sodass eins plus eins zehn ergab. Ich danke vor allem:

Unserem hochbegabten Illustrator Stacy Curtis, der die Figuren mit seinen Zeichnungen zum Leben erweckte. Stacy, deine Kunst versetzt uns immer wieder in Erstaunen!

Unserer talentierten Autorin Margery Cuyler, die monatelang mit Witz und Charme an meiner Seite die 7 Wege in drollige Charaktere und einprägsame Kindergeschichten verpackte.

Dem Weltklasseteam von Simon & Schuster: Unserem Lektorat, bestehend aus Courtney Bongiolatti und Justin Chanda, die das Projekt von Anfang bis Ende ebenso professionell wie leidenschaftlich betreuten und in jeder Hinsicht bereicherten; und Rubin Pfeffer, dass er die Vision dazu hatte.

Meiner Freundin und Kollegin Annie Oswald, die als Projektleiterin die Zügel in der Hand hielt und dafür sorgte, dass es immer vorwärtsging – was sie ganz wunderbar beherrscht.

Meiner blitzgescheiten Schwester Colleen Brown für die vielen geistreichen Ideen, die das Buch noch lustiger und fesselnder machen.

Danke, Team! Dieses Projekt war ein Riesenspaß. Lang leben die Kinder von 7 Eichen!

Sean Covey